LA VÉRITÉ

A LA FRANCE

Sa Situation, ses Besoins

ET

NOUVEAU SYSTÈME DE GOUVERNEMENT

tel qu'il peut convenir à cette Nation

PAR

UN RÉCONCILIANT

Prix : 1 franc

PARIS

E. LACHAUD ET Cie, LIBRAIRES-ÉDITEURS

4, Place du Théâtre-Français, 4

—

1876

LA VÉRITÉ A LA FRANCE

SA SITUATION & SES BESOINS

Appel fait aux Puissants du jour

Et à tous les cœurs véritablement Français

Messieurs,

Les bons sentiments, les sages pensées ont un accent de vérité qui pénètre toujours dans les nobles cœurs. Or, j'espère que cet accent vous le trouverez dans ce petit opuscule. Lisez.

Ce qui vient de se passer en France, et qui témoigne que la division, la discorde y règnent toujours, quoi qu'on en puisse dire, m'a suggéré l'idée d'écrire ce petit opuscule dans l'intérêt général, et je viens le soumettre à votre discernement.

La décadence des nations se révèle toujours par la corruption des mœurs, la désunion sociale et l'inefficacité des lois.

Malheureusement, quoi qu'en puissent dire les optimistes, la France se trouve aujourd'hui dans cette affreuse position : non-seulement la division y règne, mais la corruption y a envahi toutes les classes de la société et y fait des ravages effrayants.

Que voyons-nous? Nous voyons des gens qui, hier, étaient d'un parti, aujourd'hui d'un autre ; nous y voyons des renégats, des athées, des soi-disant libres-penseurs, qui veulent prédominer en tout, qui s'ingèrent partout et qui agitent et fourvoyent l'esprit populaire.

Qu'en résulte-t-il? Il en résulte qu'il n'y a plus ni patriotisme, ni respect, ni croyance en France, c'est même pis que sous la Terreur de 1793, car alors, quoique les idées fussent bouleversées comme aujourd'hui, quoique la religion fut honnie, chassée de ses temples et remplacée par une sorte de déité qu'on osait appeler la *Raison*, cependant on aimait encore sa patrie, on respectait sa mère, on croyait en Dieu. Oui, les croyances n'étaient pas encore perdues. Par exemple, l'immortalité de l'âme fut reconnue par le même décret de la Convention Nationale qui reconnaissait l'existence de Dieu. Aujourd'hui, rien n'existe plus de tout cela. Tout est méconnu, tout est renversé; la lèpre du mensonge, la calomnie, les injures, les sarcasmes ont envahi non seulement une certaine presse, mais l'histoire elle-même, de telle sorte que celle de notre siècle n'est qu'une conjuration contre la vérité.

On dirait véritablement que l'antechrist, autrement dit l'esprit du mal, s'est déchaîné et qu'il s'est abattu sur la France pour la dévaster et l'engloutir dans de profonds abîmes. Oui, oui, quoi qu'on en puisse dire, la France est aujourd'hui comme un vaisseau sans gouvernail, qui vogue sur une mer en furie, et qui, d'un moment à l'autre, peut sombrer. Est-elle donc condamnée à périr?

Pauvre France! toi autrefois si belle, si puissante, si glorieuse; toi qui naguère encore faisait l'admiration des étrangers et les délices de tes habitants, qui donc saura te retirer de l'abîme où t'ont précipitée des présomptueux, des séditieux, des ambitieux, qui n'ont d'autre Dieu que la pièce de vingt francs? Qui donc te rendra ta splendeur?... Je ne vois rien surgir, non, rien, rien.

Je vois bien qu'on cherche à te donner une sorte de gouvernement à l'instar de celui de la Suisse et de celui de l'Amérique. Mais ce gouvernement peut-il te convenir? Je ne le crois guère. Je ne veux pas dire de mal de l'une ni de l'autre de ces deux nations, loin de moi cette pensée, mais vouloir assimiler la France à la Suisse, n'est-ce pas vouloir comparer un aigle à un colibri?

Quant à l'Amérique, ne sait-on pas que c'est une nation qui vient de naître, qu'elle est encore dans l'état d'enfance, que la plupart de ses habitants ont encore un pied dans la barbarie?... Eh quoi! nos lumières se sont donc bien obscurcies pour être obligé d'aller chercher des idées gouvernementales chez les autres peuples.

Chère et noble France! Réveille-toi, sors de ton insomnie, exprime ta volonté avec calme, mais sérieusement; reprends ton élan, reconnais et rejette tes erreurs, ne dédaigne pas la religion de nos pères, ne te laisse pas leurrer, endoctriner par l'éloquence trompeuse des ambitieux; ce n'est qu'à ces conditions que tu peux redevenir la fille aînée de l'Eglise, l'arbitre des nations et la reine du monde.

Ecoute! Je vais me permettre de signaler quelques-unes de tes institutions vicieuses, et d'exposer tes besoins. Ce n'est point l'intérêt personnel qui me guide, moi, mais l'intérêt général, le bien de la société tout entière.

Puissants du jour! Hommes de la situation! C'est à

vous que je vais m'adresser maintenant, daignez m'entendre.

Je dois d'abord vous dire que je ne suis ni aristocrate, ni démocrate. Les relations que j'ai eues avec des hommes de l'un et de l'autre de ces partis, m'ont assez fait connaître les deux revers de la médaille de l'humanité, pour que je les trouve aussi creux l'un que l'autre. Je suis un plébéien. Après Dieu, ce que j'aime le plus c'est ma patrie. c'est la France ; je désire la voir heureuse, puissante, glorieuse. C'est dire assez que je suis partisan de la perfectibilité de l'espèce humaine, depuis la base jusqu'au sommet de l'échelle sociale.

J'ai lu l'histoire, qui, comme vous ne l'ignorez pas, sans doute, est non-seulement l'étude du passé au profit de l'avenir, mais aussi une lumière qui éclaire le monde ; je me suis trouvé dans une position à voir les hommes de toutes les classes, de toutes les conditions ; je les ai étudiés sur toutes les faces, si je puis m'exprimer ainsi, et j'avoue que j'ai souvent rencontré la vertu en haillons et le vice sous la soie et la pourpre. Oui, j'ai regardé dans les palais des princes, dans les hôtels et les châteaux des grands seigneurs ; j'y ai vu l'opulence, la joie, les festins, les plaisirs ; j'y ai même parfois rencontré la débauche et l'orgie. J'ai aussi regardé dans la chaumière de l'artisan campagnard et dans la mansarde de l'ouvrier citadin : j'y ai vu l'indigence, la détresse, la misère, la désolation. J'ai vu dans les rues de la capitale, sur ses places, sur ses boulevards, de grands spoliateurs de la fortune d'autrui, s'y promener librement, éclaboussant même ceux qu'ils ont dépouillés ; j'y ai vu aussi de pauvres diables, que la nécessité avait contraints de commettre un délit pour se procurer une morceau de pain, afin d'assouvir la faim qui les dévoraient, je les ai vus, dis-je, conduire en prison et condamner à l'infamie. J'y ai vu bien autre chose encore.

Eh bien ! ce sont ces divers contrastes, ce sont ces faux-semblants de ne pas voir les grands coupables et d'être toujours à la piste des petits qui indispose l'esprit populaire, qui aigrit les caractères, et qui engendre la haine et la vengeance des uns contre les autres dans la société.

La justice ne doit faire abstraction de personne ; elle doit être la même pour tous, et un juge ne doit jamais prononcer sa sentence avant que d'avoir examiné très-scrupuleusement l'affaire dont il est chargé.

S'il y a des lois qui condamnent, il doit aussi y en avoir qui protégent, car il y a tant de gens qui accusent par méchanceté, par jalousie, par vengeance, par ineptie, et même pour se couvrir eux-mêmes ; je sais ce qu'il en est. Oui, la justice, en France, écoute trop facilement l'accusation et bâillonne trop fortement la défense, c'est-à-dire qu'elle ne la prend pas assez en considération. Il semble qu'il suffit d'être accusé pour qu'on soit reconnu coupable.

On dit qu'un juge doit être dépourvu d'humanité : mais il ne doit pas l'être de sagacité ni de discernement.

Autrefois, c'est-à-dire chez les peuples civilisés de l'antiquité, à Athènes, à Sparte, à Lacédémone, les aréopages n'étaient choisis que parmi les hommes les plus vénérables, les plus expérimentés et reconnus pour être les plus sages de la société ; oui, l'aréopagie n'était ouverte qu'à des hommes qui avaient une longue expérience dans les affaires, et l'éloquence trompeuse en était bannie ; aussi fut-on des siècles sans qu'on eût a déplorer une sentence qui ne fut équitable. On ne jouait pas, alors, avec la vie des hommes. On voit que la civilisation n'a guère progressé de ce côté ; on pourrait même dire qu'elle a rétrogradé, car il est certain qu'aujourd'hui, dans les prisons, parmi les peines méritées, se trouvent de graves erreurs de la justice; oui, là, il y a des hommes qui gémissent et desquels cependant la société n'a rien à craindre.

La justice est une belle et bonne chose, certainement; c'est même un des principaux ressorts des gouvernements, mais faut-il qu'elle soit bien ordonnée et bien rendue.

Puissants du jour ! et vous législateurs ! si vous avez à cœur, si vous tenez à l'honneur d'établir une justice équitable, en France , quelle révision, quelle réforme vous avez à faire, et dans nos Codes, et parmi ceux qui sont chargés de les mettre en pratique.

Non-seulement j'ai lu l'histoire, non-seulement j'ai étudié le monde sur toutes ses faces, mais j'ai parcouru une partie de la France; j'en ai étudié les coutumes, les usages, les mœurs, et je dois dire que j'ai bien rencontré çà et là quelques semences de la liberté, mais elle n'y est pas encore arrivée à l'état de maturité, c'est-à-dire qu'on n'en comprend pas encore bien le véritable sens; souvent on la confond avec la licence, même la licence la plus effrénée ; oui, il est encore, en France, beaucoup de gens qui se figurent que la liberté donne le droit d'injure, de la force brutale, on pourrait même dire du vol. D'où vient cela? — Cela provient d'un vice d'éducation. Il faut refaire le cœur du peuple. J'en démontrerai les moyens dans un autre opuscule.

Oui, l'éducation populaire est mauvaise en France, et elle a besoin d'être refaite.

Pour que l'homme puisse développer son intelligence, il faut qu'il soit libre, mais pour qu'il soit libre, il faut qu'il comprenne bien le véritable sens du mot liberté ; il faut qu'il sache bien que la liberté, qui nous vient du Ciel et que le Créateur nous a octroyée dès lors de notre naissance, avec l'intelligence dont sont dépourvus les autres êtres de la création, il faut qu'il sache bien, dis-je, que la liberté est tout autre chose que la licence ; il faut qu'il sache bien que cette dernière est l'œuvre de l'Esprit du mal.

Je le répète, pour que l'homme puisse développer le plus beau don que Dieu lui ait fait, l'intelligence, il faut qu'il soit libre. Et pour qu'il arrive au dernier degré de bonheur que la Providence lui a réservé sur cette terre, il faut que le règne de la pensée et de la justice remplace le règne brutal de la force.

La France, aujourd'hui, est fortement agitée ; les esprits y sont égarés, bouleversés. Tout y est à refaire. Depuis un certain temps on y travaille singulièrement l'esprit populaire, sous prétexte de savoir si cette nation est républicaine ou monarchique, mais pourquoi cette division ? Pourquoi cette discorde ? A quoi cela sert-il ? Cela sert à engendrer des haines les uns contre les autres, et à nous faire tourner en dérision par les autres peuples. Pourquoi ne pas marcher comme eux d'un commun accord ? La *République*, la *Monarchie*, ce sont des mots. Dans l'un comme dans l'autre de ces gouvernements, il faut un Chef, il faut un Directeur, c'est la loi naturelle. Les animaux ont un roi : le lion ; les oiseaux ont un roi : l'aigle ; la nature entière a un directeur qu'on appelle le Roi des rois : Dieu. En tout et partout, c'est-à-dire dans un gouvernement républicain ou monarchique, il faut un chef. Qu'on l'appelle Président, Roi ou Empereur, peu importe, ce ne sont là que des qualifications, plus ou moins imposantes il est vrai, mais enfin ce ne sont que des qualifications. Ce qu'il faut à la France, c'est un gouvernement stable, appuyé sur des bases solides, ayant un chef qui en impose aux autres nations, et par son nom et par son caractère. Ah ! si, par exemple, nous pouvions trouver un homme du caractère de celui qui régna en France sous le nom d'Henri IV, nous pourrions nous vanter d'avoir le plus brave, le plus vaillant, le plus clairvoyant, le plus spirituel, le plus sage, enfin le plus parfait des potentats. Il unissait à une extrême franchise la plus adroite politique ; aux sentiments les plus élevés, une simplicité de mœurs charmante, et à un courage de vrai soldat un grand fond d'humanité. Ce monarque était aussi sincère qu'on peut l'être en restant habile, et aussi habile qu'on peut l'être en restant honnête. Il était assez ferme pour se faire obéir et assez affable pour être aimé. Il savait écrire d'instinct des choses charmantes. Enfin, il savait tout faire pour le bien de ses sujets, et il les connaissait parfaitement, excellentes conditions pour bien gouverner. Et, comme l'a dit avec raison le président Henault, Henri IV était tout à la fois son général et son ministre. Ce souverain devrait bien servir de modèle à tous les potentats de la terre.

Est-il pas pénible, pour des cœurs véritablement français, de voir certains présomptueux, certains ambitieux qui n'ont d'autres recommandations qu'un peu de faconde, souvent trompeuse, vouloir se mettre à la place de ces grandes figures historiques qui font notre gloire ? Mais, à quoi pensent-ils donc ces audacieux, ces intrigants célèbres ? Veulent-ils donc nous rendre ridicules aux yeux du monde civilisé ?

Charlemagne, Henri IV, Louis XIV, Napoléon ! vous devez rire de voir ces avortons révolutionnaires aspirer de s'asseoir sur le siége où vous vous êtes assis ? Mais combien ne devez-vous pas plaindre cette pauvre France que vous aimiez, que vous aviez rendue si belle, si grande, si puissante, si glorieuse, en la voyant aujourd'hui si déchue et sans gouvernement stable !

Je connais quelques-uns de ces présomptueux qui, depuis cinquante ans qu'ils touchent aux affaires de l'Etat, ont contribué, par leurs écrits et leurs discours, à la chute de tous les gouvernements qui se sont établis en France depuis cette époque. Et pourquoi font-ils cette opposition au pouvoir ? C'est uniquement parce que c'est le pouvoir. Nous les avons vus à l'œuvre, et qu'ont-ils fait pour le peuple, pour le bien de la société ? Je le demande à la raison. Mais, reprenons le fil de notre sujet.

Nous disons donc qu'il faut à la France un gouvernement stable, ayant un chef qui en impose aux autres nations, et par son nom et par son caractère. Un chef qui soit inamovible, lui, car un gouvernement dont la tête change de face tous les cinq ou six ans n'est pas un gouvernement stable. Cela doit cependant bien se comprendre. Et sans stabilité, les affaires ne peuvent marcher, tout reste en suspens.

Qu'est-ce que nous entendons dire tous les jours ? Pour ma part, j'entends, pour le moins, répéter mille fois ces paroles : « Nous ne pouvons entreprendre « cette affaire maintenant, il n'y a pas assez de stabilité « dans le gouvernement, c'est impossible qu'il reste « ainsi, et nous ne savons pas ce qui adviendra, « attendons. » Et on attend.

Qu'est-ce que nous entendons encore ?

« La France, entendons-nous dire, avec ses mani- « festations. ses émeutes, ses révolutions, ses boule- « versements, est une nation chez laquelle on ne peut « plus rien établir. Cette nation est perdue, si on ne « change pas la face des choses. »

Non-seulement nous voyons des Français porter leur industrie à l'étranger, mais les étrangers ne viennent plus en France. Eh ! qu'y viendraient-ils faire ? Il n'y a plus rien qui les attire. Pauvre France ! oui, tu as perdu ton prestige ; qui donc te rendra ta splendeur ?

Non-seulement il faut à la France un gouvernement stable, à la tête duquel soit un chef qui en impose aux autres nations, mais un gouvernement sage et fort. *Sage*, pour nous donner de bonnes institutions, *fort*, pour tenir en respect et en arrêt, non-seulement les ennemis du dehors, mais ceux de l'intérieur ; car la démagogie, cet ennemi de la dignité humaine, n'a pas encore cessé d'infecter la France ; il y renaît sans cesse. Oui, il est encore en France beaucoup de gens qui rêvent la Terreur de 1793. — Et quel bien a-t-elle fait au peuple, cette terreur ? Je le demande à la raison. — Elle a brisé un trône, elle a martyrisé un roi, sous prétexte d'abolir un principe ; et qu'a-t-on mis à la place de ce principe ? On y a mis cinquante tyrans qui ont fini par s'égorger les uns les autres. Et tout cela s'est fait au nom de la *Liberté*, de l'*Égalité*, de la *Fraternité*, quelle chimère ! Oui, ces trois mots ne sont que des chimères à la manière dont on les comprend, ainsi que je le démontrerai dans un autre opuscule.

Ah ! ce ne sont pas les principes de Voltaire qu'il fallait suivre, mais les enseignements de Montesquieu. Celui-ci ne voulait pas martyriser les rois, lui, mais les éclairer, et en même temps enseigner au peuple ses devoirs et ses droits. C'est Montesquieu qui a préparé la Révolution de 1789, tandis que Voltaire, par ses moqueries, ses ironies, ses injures, ses sarcasmes et autres infirmités d'esprit, a préparé celle de 1793. Il ne faut pas confondre la Révolution de 1789 avec celle de 1793. L'une est le bien, l'autre est le mal.

J'ai dit que tout était à refaire en France. Oui, tout est à remanier, tout est à réviser, tout est à consolider. Les révolutionnaires savent bien détruire, abattre, renverser, déboulonner, pour me servir de leurs expressions, mais ils ne savent guère relever ni rétablir. Non-seulement nos institutions ont besoin d'être révisées, mais notre Constitution elle-même.

Jusqu'à présent il y a eu en France trois sortes de gouvernements : le gouvernement monarchique, le gouvernement aristocratique et le gouvernement démocratique; mais aucun de ces gouvernements ne peut convenir à la France d'aujourd'hui. Le premier est trop absolu, c'est-à-dire nous exposerait trop aux caprices d'un seul homme; le deuxième est trop partial, c'est-à-dire trop enclin aux priviléges, aux faveurs de la fortune, et le troisième trop arbitraire. Mais il faut choisir dans ces gouvernements ce qu'il y a de bon, y ajouter des idées progressives, des idées nouvelles selon le temps et les hommes, et, de tous ces éléments, formuler une Constitution qui puisse non-seulement concilier tous les partis, mais satisfaire tout le monde, le monde raisonnable, s'entend; car je n'ignore pas qu'il y a des gens qui ne savent jamais être contents; il en est même qui ne demandent, qui ne cherchent que le désordre, parce que c'est dans le désordre qu'ils trouvent des moyens de satisfaire leurs mauvais instincts; et c'est pour tenir en arrêt ces démagogues que la France a besoin d'un gouvernement fort.

Si je ne craignais d'être incompris, si je ne craignais de prêcher dans le désert, comme on dit vulgairement, je donnerais une formule de cette sorte de Gouvernement, mais je m'abstiens; je me permettrai seulement d'en donner une simple idée.

Si, par exemple, Napoléon Ier, alors qu'il n'était encore que le général Bonaparte, avait placé héréditairement dans sa famille, n'importe sous quel titre, sous quelle dénomination, le pouvoir directorial établi par la Constitution de l'an III de la République française d'alors, il eût facilement élevé un trône populaire stable, basé sur des institutions républicaines. Cette alliance de la monarchie avec la république n'aurait rien d'extraordinaire. La république admettant, de même que la monarchie, des ordres, des classes de citoyens, selon le mérite, et non des priviléges, peut parfaitement s'allier à toutes les formes de gouvernement ; si Napoléon Ier, dis-je, avait établi un tel gouvernement, il est à croire que ses descendants seraient encore assis, aujourd'hui, sur le trône de France, et que nous n'aurions pas eu à déplorer une vingtaine de révolutions, ni vu changer presque autant de gouvernements qui se sont écroulés les uns après les autres, depuis ce temps, faute d'avoir été établis sur des bases solides, et nous ne serions pas dans la triste situation où nous nous trouvons aujourd'hui.

Ici, je vais me permettre une petite digression. Qu'a-t-on fait ? Qu'a-t-on vu, à l'aurore de la République actuelle ? On a vu une sorte de steeple-chase aux emplois publics ; c'était à qui s'en emparerait : *Ote-toi de là que je m'y mette* ; telle était la devise. Il suffisait de montrer un grain de républicanisme, si je puis m'exprimer de la sorte, pour obtenir une ambassade, une préfecture, une sous-préfecture, une direction, une inspection et autres charges et emplois dont on n'avait pas la moindre notion, dont on ne connaissait pas même l'*a b c*, et c'est précisément ceux qui blâmaient les faveurs accordées par les gouvernements précédents, qui se servaient des mêmes moyens illicites, des mêmes abus. Et le peuple, qu'a-t-il gagné à ces changements ? Ah ! c'est alors qu'il a pu dire :

« Aujourd'hui comme hier, je suis Jacques Bonhomme.
« Artisan, je produis, et l'intrigant consomme. »

Et ce n'est pas sans raison qu'on a tant répété et applaudi ce refrain :

« A voir comme ça se mène,
« C'était pas la peine,
« Non, c'était pas la peine, assurément,
« De changer de gouvernement. »

Pauvre peuple français, peuple trop léger et pas assez clairvoyant, te laisseras-tu donc toujours leurrer, te laisseras-tu donc toujours entraîner comme les moutons de Panurge?

Crois-tu avoir fait une merveille en votant comme tu viens de le faire? Crois-tu que tu en seras plus heureux? Moi, je ne le crois pas; je crois, au contraire, que tu as tourné tes armes contre toi-même.

Quant à nous, cœurs véritablement français, qui ne sommes guidés que par l'amour de la patrie, que par l'intérêt du bien public en général, que voulons-nous? Quels sont nos désirs? quels sont nos vœux? Nous voudrions voir créer, pour un avenir meilleur, une entente générale sur l'organisation de la justice, de l'administration gouvernementale, sur le rôle des pouvoirs publics; sur la situation de la presse, élément qui peut rendre de si grands services à la société, ainsi que je me propose de le démontrer dans un autre opuscule; en un mot, nous voudrions une entente générale sur les conditions indispensables d'un gouvernement stable, libre, populaire, ce qui est loin d'être, quoi qu'en puissent dire certains journaux. Mais nous voudrions surtout voir la France songer à la France.

Puissants du jour! législateurs! Votre mission n'est pas seulement de formuler des lois pour condamner les coupables. Nos codes en ont déjà que trop qui ont besoin d'être éclaircies, car les magistrats eux-mêmes les interprètent chacun à leur manière, selon leur humeur, selon leurs caprices. En avons-nous pas mille exemples? Les lois doivent être claires et concises. Mais avant tout, ne devez-vous pas chercher par quelques moyens possibles à fermer les cent portes qui sont ouvertes aux vices et à la corruption? Votre devoir n'est-il pas... mais je n'en veux pas dire davantage.

Vous saurez le comprendre, du moins, je l'espère. Je vous prierai seulement de vouloir bien agréer ce petit opuscule comme il est offert, c'est-à-dire avec les sentiments les plus respectueux.

V. L.